СЕКРЕТНОЕ ОРУЖИЕ ИНТЕЛЛЕКТА

Сима Крейнин

ЗАЧЕМ НАДО ДУМАТЬ ?

Книга первая

ИЗРАИЛЬ 2014

1

ЧТО ВЫ УЗНАЕТЕ

Почему в детстве вундеркинд, в молодости – подающий надежды, а после сорока – заурядная личность, хотя и опытный профессионал.

Как развивать свои "серые клеточки" и не позволять им застывать в неподвижности

Что такое психологическая инерция и как с ней бороться

Как убрать ограничения с полета мысли и придумывать совершенно новые оригинальные идеи

Как преодолевать барьеры в мышлении и противоречия в сложных проблемах

Что такое творческое мышление и как им овладеть

КОМУ ЭТО
ОСОБЕННО НАДО

ИНЖЕНЕРАМ, НАУЧНЫМ РАБОТНИКАМ, СТУДЕНТАМ

ПРЕПОДАВАТЕЛЯМ и ВОСПИТАТЕЛЯМ

РОДИТЕЛЯМ, чьи дети хотят гордиться своими нестандартными папами и мамами

Тому, кто по роду своей деятельности, обязан постоянно «выдавать» новые идеи

Тому, кто по складу своего характера, хочет быть «не таким, как все», любит выдумывать и не любит скучать

3

Одно время были очень распространены дискуссии: человек – это венец природы или наоборот, деятельность человека идет на благо природе или во вред и так далее…

Из всех этих вопросов нас интересуют выводы: чем же этот "венец" отличается от всех остальных природных объектов?

Оказалось, что человек обладает тремя способностями, которых нет ни у одного другого живого существа:
- интеллектом (мышлением и воображением)
- членораздельной речью
- способностью к сознательной целенаправленной творческой деятельности (креативностью)

Причем, эти способности связаны между собой и взаимодействуют друг с другом.

Мышление - это просто течение мыслей, картинок и смыслов. Если в процессе мышления проводится анализ – частное и общее, причина и следствие, процесс и результат – мышление человека становится осмысленным. Такое мышление нацелено на понимание проблемы и поиск решения, которое сможет пригодиться в аналогичных ситуациях. Такое мышление приветствуется в науке, в повседневной жизни нередко более эффективным оказывается другой тип мышления: сообразительность. Сообразительность - тип мышления, когда человек находит простые и быстрые решения, неожиданные и непривычные для стандартной точки зрения.

В основе мышления различают два процесса: превращение мысли в речь (письменную или устную) и извлечение мысли, содержания из словесной формы сообщения.

Творческое мышление или креативность - это способ мыслить, который ведет к созданию нового. Творческое мышление связано с развитым ассоциативным мышлением и воображением человека. Воображение – это процесс представления информации в виде образов, причем образы отличаются от реальной действительности. В образах, рождаемых воображением человека, всегда содержится нечто такое, чего нет в реальной действительности. С воображением мы имеем дело, когда думаем о будущем или когда пытаемся представить себе то, что в данный момент времени отсутствует или не может быть воспринято. С воображением мы имеем дело в наших мечтах, фантазиях, грезах. Воображением мы пользуемся и в том случае, когда занимаемся творческим процессом, который включает в себя образы в качестве результата творчества.

Итак, человек умеет думать. **А зачем надо думать?**

В обычной жизни взрослые люди думают довольно мало. Как только человек научился чему-то новому, он перестает думать об этом. Новый навык переходит на уровень привычек и рефлексов.Это как с ездой на велосипеде – все делается само собой. Получается, что подавляющее большинство того, что человек делает на протяжении всей жизни, он делает машинально, а мыслительная деятельность проявляется в учебе и, если повезет, немного в работе.

Вот приблизительный график интенсивности мышления **среднестатистического** человека.

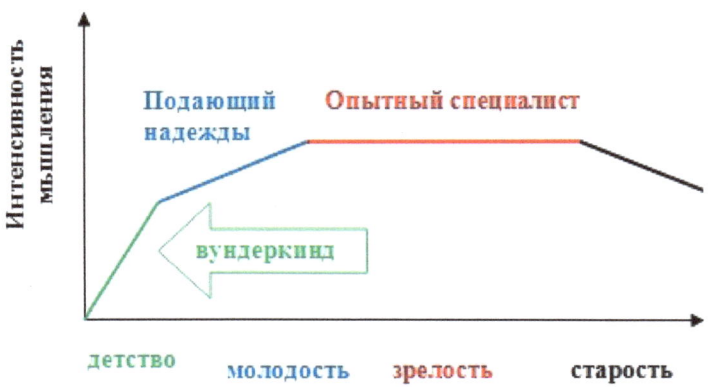

В детстве мы учимся, овладеваем новыми знаниями и навыками, в молодости тоже еще сталкиваемся с различными новшествами. Поэтому, все наши дети, конечно же, вундеркинды. Да мы и сами были такими. Потом студент и даже молодой специалист подает большие надежды. Но время идет, работа становится привычной, и к сорока годам мы вдруг обнаруживаем, что занимаемся рутиной. Нам заранее известно, что в какой ситуации надо делать, и если, не дай бог, происходит что-то необычное, то это скорее пугает нас, нежели радует.

А ведь чем больше в жизни событий, тем интереснее жить. Конечно, многие события требуют от нас креативную реакцию. Зато умение мыслить нестандартно делает нас остроумными, находчивыми, успешными, предприимчивыми, удачливыми и богатыми. Способность быть креативными может пригодиться в любой ситуации.

Обратите внимание, как сильно изменилась наша жизнь за последние 20-25 лет. Мы сейчас вынуждены конкурировать со всем миром, и условия конкуренции ужесточаются с каждым годом. Умение думать и придумывать новое повышает наши шансы в этой борьбе.

Кстати, самый большой доход приносят именно новые идеи.
1. Брэд Хьюз (более 5 млрд. долл.)
Очень чудная, однако одна из наилучших бизнес идей, содержится в установке камер хранения вдоль автострады. Желающих пользоваться такими камерами было так много, что доход превзошел все возможные ожидания и прогнозы. Сейчас корпорация «Public Storage» является одной из огромнейших организаций в сфере хранения.

2. Amazon.com (более 5 млрд. долларов)
Джеффри Бэзос был первым, кто начал бизнес в интернете путем торговли книгами.

Достоинства для клиента заключались в том, что ему не нужно тратить много часов на езду в магазин. В наше время Amazon.com считается самым большим интернет-магазином в мире.

Ничто не остается неизменным. Так было тысячи лет тому назад и так будет впредь.
Мир меняется в материальной, социальной и экономической областях.
Перемены порождают проблемы, и чем больше скорость и масштаб изменений, тем масштабнее и сложнее проблемы.

Почему изменения вызывают проблемы? Потому что *всё* на свете представляет собой систему — будь то человек или Солнечная система. Любая система состоит из подсистем. Когда происходят изменения, подсистемы меняются не сразу: одни трансформируются быстрее, другие медленнее. Это ведет к нарушениям в системе, а проблемы представляют собой их проявление. Анализ любой из ваших проблем — поломки машины, разлада в семье, неприятностей на работе — покажет, что произошел сбой, и вызван он именно тем, что что-то изменилось.

Проблемы, появившиеся в результате перемен, требуют решения. Однако любые решения порождают новые изменения, а значит, новые рассогласования, приводящие к новым проблемам. Задача любого вида деятельности — ведения бизнеса, воспитания детей или управления государством — решать сегодняшние проблемы и готовиться к завтрашним. А это означает управление изменениями.

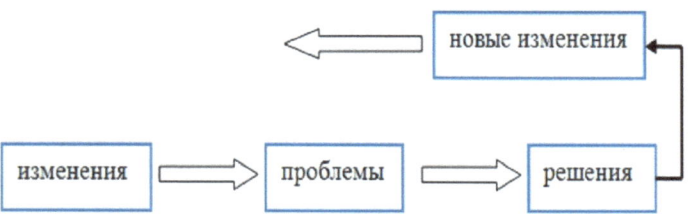

Мир меняется очень быстро, и человек должен учится новому всю жизнь. Иначе он будет неконкурентоспособен. Мы очень часто неправильно понимаем Дарвина. Он никогда не говорил, что выживает сильнейший. В этом случае планету населяли бы одни саблезубые тигры. **Выживает не самый сильный, а самый восприимчивый к переменам.**

Мы привыкли считать, что наши умственные способности даны нам свыше. Что дано, то и дано. Кому-то повезло больше, кому-то меньше.

Исследования ученых последних лет показали, что развитие человеческого интеллекта продолжается всю жизнь, и свои умственные способности можно значительно улучшить. Для этого необходимо постоянно тренировать мозг.

Раньше считалось, что давшая сбой клетка не восстанавливается, но сейчас это утверждение опровергнуто. Оказывается, нервные клетки и клетки головного мозга можно воссоздать в ходе регулярных умственных тренировок. И хотя скорость восстановления нервных клеток невысока, она может увеличиваться, если человек занимается интеллектуальным трудом.

Биологи обнаружили, что в мозге ежедневно возникают тысячи новых клеток – нейронов.

Причем, возникают только в тех областях, которые связаны с интеллектуальными функциями.

Чтобы тренировать мозг и поддеживать его в рабочем состоянии, надо постоянно его удивлять, заставлять работать по разному. Именно в этом суть тренировок: сломать привычный ход мысли, внести новизну во все, что вы делаете, не задумываясь. Именно необычное стимулирует мозг, внимание и память

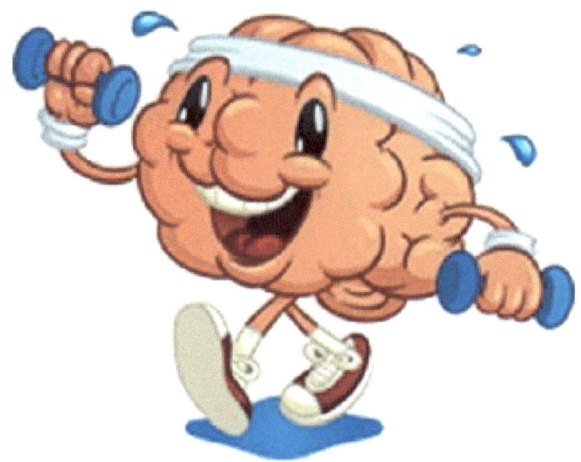

Кроме того, продолжительность жизни зависит от умственного развития. Смертность людей, которые на протяжении жизни занимались умственным трудом, в четыре раза ниже по сравнению с теми, чей мозг не испытывал подобной нагрузки. Некоторые группы творческих работников имеют продолжительность жизни на 20 лет большую, чем среднестатистическая в то же время.

Бытует даже мнение, что творческий интеллектуальный труд способствует долголетию. При этом чем талантливее человек, тем дольше он живет.

Примеры продолжительности жизни деятелей интеллектуального труда:

Луций Анней Сенека, древнеримский писатель – 70 лет
Чарльз Роберт Дарвин, английский натуралист – 73 года
Луи Пастер, французский микробиолог и химик – 74 года
Пифагор Самосский, древнегреческий математик – 76 лет
Майкл Фарадей, английский физик и химик – 77 лет
Галилео Галилей, итальянский физик и астроном – 79 лет
Вильям Гарвей, английский медик – 80 лет
Томас Альва Эдисон, американский изобретатель – 82 года
Лев Толстой, русский писатель и мыслитель – 82 года
Исаак Ньютон, английский физик, математик, астроном – 84 года
Сэмюэл Смайлс, шотландский писатель – 91 год
Наталия Сац, театральный режиссер – 90 лет
Михаил Калашников, советский конструктор оружия – 94 года
Юрий Любимов, театральный режиссер – 97 лет

Итого, зачем надо думать:

Чтобы повысить свою конкурентоспособность и, соответственно, улучшить свое материальное положение.

Чтобы быстрее воспринимать изменения условий жизни и управлять ими себе на благо.

Чтобы прожить долгую, здоровую и интересную жизнь.
Возникает следующий вопрос: **как надо думать?**

Существует мнение, что все люди на планете Земля думают одинаково. Альберт Эйнштейн, Лев Толстой и ученик второго класса Вася Петькин думают одним и тем же способом. Это как ходьба. Мы все ходим одним и тем же способом: передвигаем ноги. Вот только походка у каждого своя…

Прежде всего, разберемся с интеллектом.
Интеллект (от лат. intellectus – понимание,
познание) — способность к **познанию** и к
эффективному **решению** проблем, в частности при
овладении новым кругом жизненных задач.
Короче говоря, с помощью интеллекта мы
"перевариваем" информацию и принимаем
решения.

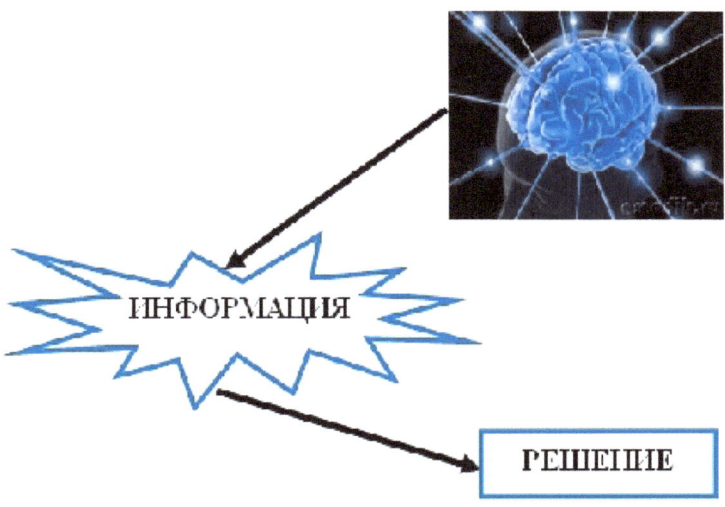

Посмотрим на примере решения простых задач,
какие качества интеллекта необходимо развивать,
и как это делается.

ТРИ ЛАМПОЧКИ

В комнате находятся три лампочки, снаружи, за закрытой дверью – три выключателя. Каждой лампочке соответствует свой выключатель. Вы находитесь рядом с выключателями и можете включать – выключать любой из них несколько раз. В комнату с лампочками можно зайти только один раз. Как определить, какой выключатель управляет каждой лампочкой?

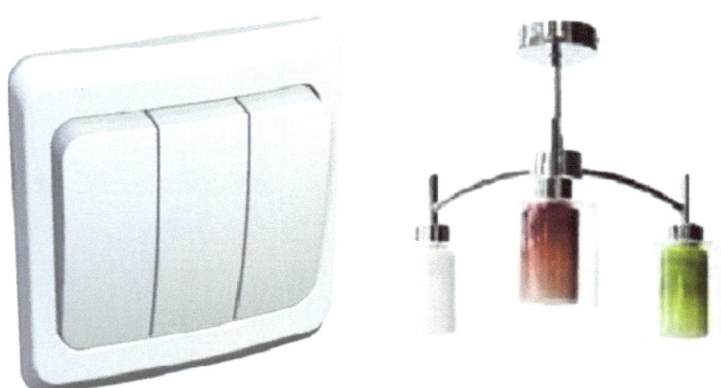

Эта задача сначала появилась на Международной олимпиаде по физике, а затем ее стали задавать на собеседованиях при приеме на работу в крупные компании.

Школьники неплохо справились с задачей, а вот взрослые "умные дяди" прилагают огромные усилия и демонстрируют отличную изобретательность…

Как вы думаете, для чего? Чтобы решить задачу?

Вовсе нет, скорее для того, чтобы ее **не** решать.
Одни предлагают изменить условия, например,
приоткрыть дверь и подсматривать, вскрыть один
из выключателей и устроить короткое замыкание.
Другие спрашивают, какие лампочки имеются
ввиду: обычные или дневного света, или
энергосберегающие и т.д.
Кто-то вспоминает теоретическую физику,
скорость света и прочее, прочее.
Короче говоря, прежде чем продолжить чтение,
попробуйте потратить несколько минут и решить
эту задачу **в тех условиях, в которых она задана**.

Каким способом человек в принципе может узнать,
включена ли лампочка, т.е работает, или нет?
Другими словами, какими способами человек
получает информацию, в данном случае о
лампочке.

При помощи зрения, т.е просто увидеть свет.

На слух – если лампочка исправна, она не издает
никаких звуков, - этот способ не годится.

При помощи обоняния – опять-таки исправная
лампочка не выделяет особых запахов.

На ощупь – работающая лампочка нагревается.

Вот теперь понятно, что нужно делать.

Включаем первый выключатель и оставляем его в этом положении.

Включаем второй выключатель, ждем несколько минут и выключаем его.

Заходим в комнату: одна лампочка светится – она управляется первым выключателем. Из двух неработающих лампочек – одна горячая на ощупь, она от второго выключателя, а холодная лампочка относится к третьему выключателю.

Почему довольно долго не удается найти решение? Ведь в этой задаче нет ничего, что бы вы не знали раньше. Мы все пользуемся электрическими лампочками, каждый из нас миллионы раз включал и выключал освещение.

У вас есть все необходимые знания для решения этой задачи, осталось сделать последний шаг – извлечь нужные сведения и применить их в нужном месте.

Что нам помешало сделать это немедленно? Какие интеллектуальные способности пригодились бы в первую очередь?

> **Гибкость и подвижность ума**
> *Умение использовать имеющийся опыт, преодолевать шаблонность мышления*

> **Глубина ума**
> *Умение отделять главное от второстепенного*

ТУРНИРНАЯ ТАБЛИЦА

«Торпедо» возглавляет турнирную таблицу, «Спартак» находится на пятом месте, а «Динамо» – как раз посередине между ними. Если «Локомотив» опережает «Спартака», а «Зенит» занимает место сразу же за «Динамо», то какая из перечисленных команд находится на втором месте? На раздумье дается 30 сек.

Наверное, это самая простая задачка из всех задач данного типа. Она легко решается в уме. Более сложные задачи содержат гораздо больше элементов и гораздо больше сведений об этих элементах. Чтобы упорядочить все эти сведения, приходится строить графы или таблицы.
Самую сложную задачу составил Альберт Эйнштейн. Он утверждал, что решить ее в уме могут не более, чем 2% населения Земли.
Как бы то ни было, решение таких задач развивает еще одно качество интеллекта.

> ## Логичность
> *Умение сравнивать имеющиеся данные и делать выводы*

При решении этих несложных задач мы коснулись только некоторых качеств интеллекта. Более полная картина выглядит следующим образом.

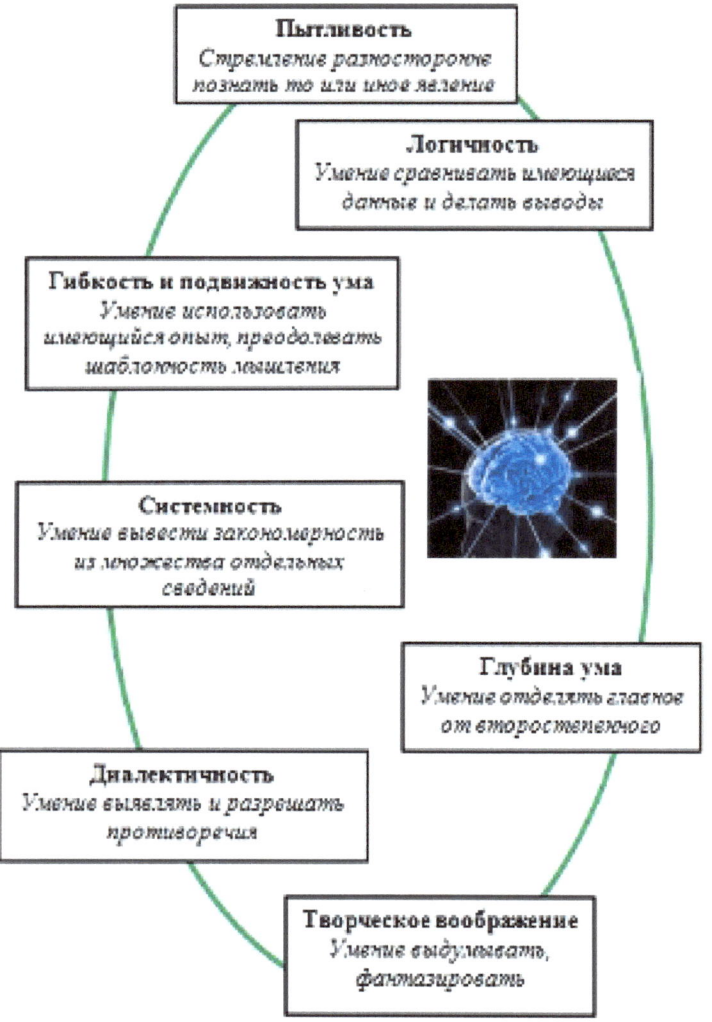

Пытливость
Стремление разносторонне познать то или иное явление

Логичность
Умение сравнивать имеющиеся данные и делать выводы

Гибкость и подвижность ума
Умение использовать имеющийся опыт, преодолевать шаблонность мышления

Системность
Умение вывести закономерность из множества отдельных сведений

Глубина ума
Умение отделять главное от второстепенного

Диалектичность
Умение выявлять и разрешать противоречия

Творческое воображение
Умение выдумывать, фантазировать

Все, что нам мешало быстро и правильно решить эти несложные задачи, относится к психологической инерции.

Психологическая инерция – это свойство человека мыслить по прямой аналогии . Инерция мышления – одно из свойств человеческой психики, которой выражается в том, что сознание, разум человека часто подчиняется силе привычки. Под ее влиянием при размышлении над проблемами в голову человека сначала приходят идеи, похожие на уже известные. Но обычно старые идеи для новых условий не подходят, как не подходит паровой двигатель для современного автомобиля. Потому и называют это свойство психики «инерцией», что оно тормозит появление новых идей и решением.

Психологическая инерция имеет свои плюсы и свои минусы. Преимущество инерции в том, что она позволяет человеку выполнять привычные действия, не задумываясь, автоматически, не тратя времени на "изобретение велосипеда». Недостаток инерции мышления в том, что она заставляет человека действовать стандартно и в нестандартных ситуациях.

Откуда же она берется?

Когда появились паровые двигатели, изобретатели очень быстро догадались, что их можно использовать для увеличения скорости транспорта. Но в первых паровозах двигатель приводил в

21

движение механические ноги по аналогии с ногами лошади. А в первых автомобилях шофер сидел на облучке, как кучер в карете.

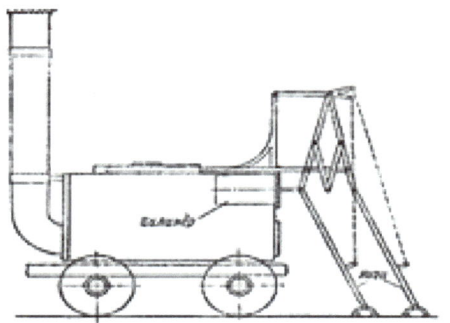

Фиг. 1. Паровоз Брунтона

Это инерция привычного принципа действия, привычного внешнего вида.

ПРОСТАЯ ЗАДАЧКА

2 монетки в сумме составляют 15 копеек,
причем одна из них не пятак.
Какие это монетки?

Вы автоматически исключили пятак из всех
возможных вариантов. Но ведь в задаче говорится
только об одной монете, что она не пятак. Вторая
монета вполне может быть пятаком. Ответ:
5 копеек и 10 копеек.

Это инерция несуществующего запрета.

Существует еще много сильно мешающих видов инерции, но их мы подробно разберем в следующих книгах этой серии.

Инерция привычного принципа действия, привычных свойств, привычного внешнего

Инерция несуществующего запрета:
Я уверен, что так нельзя.
Все знают, что так нельзя.

Страх перед неудачей

Лишняя информация

Влияние авторитетов

Специальные термины

Мы научимся бороться с психологической инерцией. Но этого не достаточно, чтобы эффективно решать наступающие на нас со всех сторон проблемы. Условия жизни беспрерывно меняются, требования к человеку растут. Ваш интеллект нуждается в тренировках, развитии... Иначе вас обгонят более изобретательные коллеги.

Как развивать интеллект? Упражнениями…

ЗАДАЧА НА РАЗРЕЗАНИЕ

Как разрезать круглый сыр тремя разрезами на 8 равных частей?

Затруднительно? Хорошо, пока оставим эту задачу, вернемся к ней позже.
Рассмотрим что-нибудь попроще.

Как разместить на пачке сигарет еще 3 пачки в один этаж ?

Эта задача практически не вызывает затруднений: надо поставить все три пачки вертикально.

ЗАДАЧА СО СПИЧКАМИ

Как из шести одинаковых спичек составить 4 одинаковых треугольника?

Как ни перекладывай спички на плоскости, четыре треугольника не получается. Только вспомнив о существовании третьего измерения, можно получить правильный ответ.

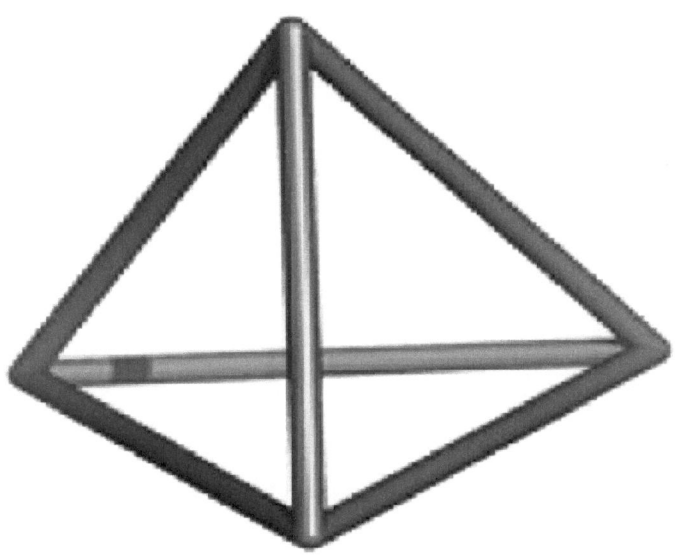

Обратите внимание: какой прием мы использовали для решения этих задач? **Переход в третье измерение.** Попробуйте применить этот же прием для решения задачи о разрезании круглого сыра.

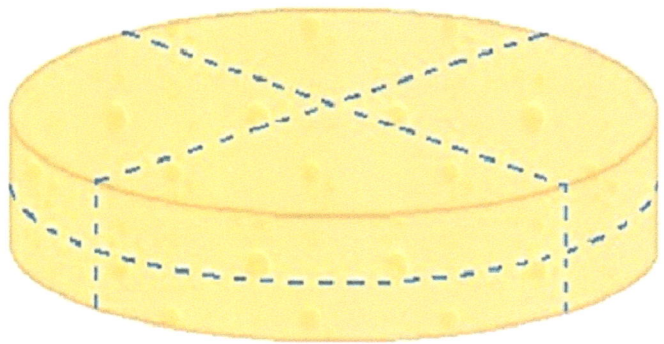

Один прием уже попал в поле вашего зрения. Есть много очень интересных методик по развитию интеллекта. Мы познакомимся с ними в следующих книжках этой серии.

Но наша цель – не только развитие интеллектуальных способностей при помощи различных упражнений, но и генерирование идей, т.е. **придумывание новых или изменение известных идей**. Существует определенное количество приемов для придумывания идей, и также методика разрешения противоречий, которые обязательно возникают, когда пытаются внедрить новые идеи в старые условия.

ПРИЕМЫ ГЕНЕРИРОВАНИЯ ИДЕЙ

ИНВЕРСИЯ – сделать наоборот

В 2003 году бизнесмен Сергей Лучников начал продавать консервированный воздух Санкт-Петербурга. Ежегодно в городе на Неве покупают десятки тысяч таких баночек. История с продажей воздуха началась с Парижа, когда в канун 300-летия Санкт-Петербурга друзья подарили предпринимателю невзрачную баночку и сказали, что в ней воздух Парижа. Сергею тут же пришла идея, - а почему бы не продавать воздух Санкт-Петербурга. Ведь делать деньги из ничего – мечта любого бизнесмена.

Как изменить эту идею с помощью инверсии? Сейчас воздух Санкт-Петербурга покупается туристами в самом Санкт-Петербурге. Можно сделать наоборот – продавать воздух Санкт-

Петербурга за пределами города или даже страны. Например, продавать в Москве и в других городах России, устроить обмен "воздухами". Сделать набор "Воздух российских городов".

Или вообще, вывезти такие баночки за границу, в те страны, где проживает большое количество бывших граждан России, которые из ностальгических соображений захотят приобрести воздух воспоминаний.

Другая "наоборотная" идея вызвала некоторые затруднения у своих авторов, и не все они сумели благополучно справиться.

Одновременно в нескольких разных странах возникла идея выставить общественный туалет на всеобщее обозрение, т.е. сделать его с прозрачными стенками. Как ни странно, но после появления таких туалетов они стали очень популярны.

В зеленом парке японского города Итихара архитектор Су Фудзимото спроектировал стеклянный туалет с прозрачными стенками. Теперь, сидя на «горшке» можно свободно любоваться красотами окружающей природы и радоваться приятным солнечным лучам. На создание уникального туалета ушло 123 тысячи долларов.

Некоторой странностью является то, что стеклянный туалет располагается на небольшом, огражденном 2–х метровым деревянным забором участке, что явно мешает посетителям любоваться окружающей природой и созерцать окрестности…

Это означает, что архитектор сам испортил свою же идею, не сумев решить возникшее **противоречие**:

32

туалет должен быть прозрачным, для привлечения посетителей, и не должен быть прозрачным, поскольку никто из посетителей не захочет пользоваться туалетом у всех на виду.

С той же проблемой столкнулась модернистская английская художница и дизайнер Моника Бонвичини. Несколько лет тому назад в центре делового Лондона на одной из городских улиц разместили общественный уличный туалет с зеркально-прозрачными стенками. Необычный туалет даже получил название – «Не упусти ни минуты».

Изнутри перед посетителем такого туалета открывается панорама лондонской улицы, а снаружи жизнь течет своим чередом. Ощущение границ стерто и человек становится «невидимым»

зрителем, наблюдая через стены-окна за городской суетой. Таким образом, уличный туалет с зеркальными стенками не отнимет у посетителя ни секунды жизни вне общества.

Этот вариант более комфортен для посетителей, но противоречие так и осталось нерешенным.

Решить его удалось только проектировщикам кафе Diglas в Вене (Австрия). Впоследствии такие туалеты установили в самых больших городах Швейцарии.

Несмотря на то, что стены таких туалетов прозрачны, их можно легко сделать полностью непроницаемыми для посторонних взглядов. Все дело в том, что само "стекло" представляет собой триплекс, состоящий из двух листов стекла и смарт-пленки между ними.
Действие смарт-пленки базируется на свойствах жидкокристаллического слоя менять прозрачность при подаче на него электрического напряжения.

Когда напряжение выключено, молекулы жидких кристаллов ориентированы случайным образом так, что падающий свет рассеивается на них. При этом смарт плёнка находится в непрозрачном состоянии.

Когда электричество включено, молекулы жидких кристаллов выстраиваются вдоль линий электрического поля, падающий свет проходит сквозь слой кристаллов без рассеивания. В этом состоянии смарт пленка выглядит прозрачной, ее рассеяние света не превышает нескольких процентов.

Переход от одного состояния к другому практически мгновенный. Стоит повернуть ручку, и стена сразу становится непрозрачной, хотя солнечный свет и проходит внутрь.

Именно такие ситуации, в глубине которых скрывается противоречие, представляют особенную трудность для преодоления. И не только в технике, но и в искусстве, в бизнесе, даже во взаимодействиях человека с человеком.

Только умение разрешать противоречия с наилучшим результатом для **обеих** сторон, отличает творческое мышление.

Как научить свои "серые клеточки" креативному подходу к любой проблеме, мы рассмотрим в третьей книге этой серии.

Итак, что надо делать для развития интеллекта – воевать на двух фронтах.
Бороться с психологической инерцией и улучшать, развивать свои интеллектуальные способности, в том числе и творческие.

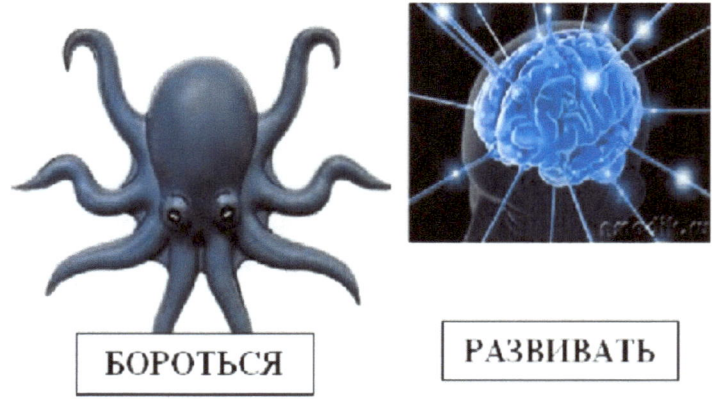

BOPOTьСЯ   РАЗВИВАТЬ

В каждой школе, колледже, университете учат читать, считать, понимать законы природы, пользоваться необходимыми инструментами и т.д., но умению думать не учат нигде.

Считается, что способность думать человек получает от рождения. Хотя **способность** ходить и говорить человек тоже получает от рождения, а **умению** ходить и говорить приходится учиться не один год.

Точно так же, как музыкальный слух, мышление можно и нужно развивать. Существуют методики развития каждого из этих качеств, ими можно овладеть и во много раз улучшить свои способности, со всеми вытекающими последствиями.

Есть только один способ чему-либо научиться – надо учиться…

Серия "Секретное оружие интеллекта" включает следующие книги:
1. Зачем надо думать
2. Как надо думать
3. Как думать эффективно

Эти книги можно заказать на сайте Amazon.com или по адресу skrey95@gmail.com

www.ingramcontent.com/pod-product-compliance
Lightning Source LLC
Chambersburg PA
CBHW050904290526
45792CB00002B/697